KINDER ERLEBEN

Streiten

Immer Ärger mit Piraten

Ingrid Biermann

SAATKORN

Echte Piraten

Benno fragt:

Gehst du auch nachmittags in eine Spielgruppe oder auf den Spielplatz?

Kennst du immer alle Kinder?

Spielst du nur mit den Kindern, die du kennst?

Was machen eigentlich Piraten?

Kannst du einen Piraten malen?

Lukas und Daniel sind dicke Freunde. Die beiden treffen sich im Kinderhaus im Stadtpark zum Spielen. Heute sind sie Piraten. Kopftücher und Augenklappen haben sie von zu Hause mitgebracht. Das Abenteuer beginnt. Daniel steuert das Piratenschiff und Lukas schwenkt die Flagge. Da fragt ein fremder Junge: „Darf ich auch mit Pirat sein?“ „Nein, hau ab!“, schreien die beiden. „Nur wir sind richtige Piraten!“

Würdest du auch gerne mitspielen?

Der fremde Junge ist allein

Benno fragt:

Warum haben Lukas und Daniel den Jungen nicht mitspielen lassen?

Worauf kommt es an, dass einer mitspielen darf?

Wie fühlt sich der Junge wohl jetzt?

Darfst du auch manchmal bei anderen Kindern nicht mitspielen?

Wie geht es dir dabei? Und was machst du dann?

Was könnten Daniel und Lukas vergessen haben?

Daniel schiebt den Jungen zur Seite. Anne sitzt unter dem Hochbett und schaut zu. „Komm, Anne“, sagt Daniel und zieht sie am Arm, „wir brauchen noch einen Schiffskoch. Der da weiß doch gar nicht, wie Piraten spielen geht!“ Anne geht mit Daniel zu Lukas hinüber. Der Junge bleibt allein zurück. „Ich weiß alles aus meinem Piratenbuch über richtige Piraten“, denkt er. „Ihr habt doch keine Ahnung! Ihr habt das Wichtigste vergessen! Jetzt werd’ ich euch’s zeigen!“

Findest du immer gleich jemanden zum Spielen?

Die Schatzkarte

Benno fragt:

Ist es lustig allein Pirat zu spielen?

Zeichne mit deinem Freund oder deiner Freundin eine Schatzkarte.

Was kann alles auf der Schatzkarte verzeichnet sein?

Der Junge holt Malstifte und ein Stück Filz. Dann klettert er auf das Hochbett und beginnt eine Schatzkarte zu malen. Zuerst zeichnet er den Umriss einer Insel mit einem kleinen Hafen. Von dort geht es auf einem schmalen, steilen Weg an Bäumen und Felsen vorbei bis zu der Stelle, an welcher der Schatz vergraben ist. Die Schatzkarte ist fertig. Jetzt kann der Junge allein auf Schatzsuche gehen. Oder soll er es mit der Schatzkarte doch noch einmal bei Lukas und Daniel versuchen?

Wo soll der Schatz liegen?

Julia und der fremde Junge

Benno fragt:

Was machst du, wenn du zu spät kommst und alle Kinder deiner Gruppe schon miteinander spielen?

Spielen in deiner Gruppe auch größere und kleinere Kinder zusammen?

Spielen die Mädchen am liebsten mit Mädchen und die Jungs am liebsten mit Jungs? Oder spielt jeder mit jedem?

Was werden Daniel und Lukas sagen, wenn Julia jetzt mit „ihrem" Schiff spielt?

Julia kommt heute spät ins Kinderhaus. Alle ihre Freunde sind schon beschäftigt und spielen zusammen. Die Erzieherin liest den Kleinen vor. Nur ein fremder Junge sitzt allein auf dem Hochbett. „Was malst du da?“, fragt Julia ihn neugierig. Der Junge erklärt ihr stolz seine Schatzkarte und die geheimnisvollen Zeichen darauf. Julia will auch Piratin werden. Sie holt das Piratenschiff, das jetzt unten auf dem Boden steht, auf das Hochbett.

Wie es wohl auf einem richtigen Piratenschiff zugeht?

Zu viele Piraten?

Benno fragt:

Bastle mit deinem Freund oder deiner Freundin eine Piratenausrüstung. Was gehört dazu?

Werden Lukas und Daniel mit den neuen Piraten spielen?

Welche Piratenlieder kennst du? Willst du eins vorsingen?

„Ahoi!“, ruft der Junge. „Alle Mann an Bord! Kapitän Marco und seine Mannschaft auf Kurs zur Schatzinsel!“ Dann beginnt er laut ein Seeräuberlied zu singen. Daniel und Lukas spitzen die Ohren. So ein tolles Piratenlied kennen sie nicht. „Aber wir sind doch die richtigen Piraten, nicht der da“, mault Lukas. Plötzlich schreit Daniel: „He, das ist unser Piratenschiff!“ und versucht das Hochbett zu entern.

Was wird Kapitän Marco jetzt tun?

Achtung Angriff!

Benno fragt:

Wer hat jetzt wem das Schiff weggenommen? Wer hat Recht, Daniel oder Julia?

Dürfen Piraten anderen etwas wegnehmen?

Was hätten Lukas und Daniel sonst noch tun können, um wieder mit dem Schiff spielen zu können?

„Julia hat das Piratenschiff geholt!“, ruft Marco. „Es stand allein in der Ecke und ihr habt nicht mehr damit gespielt. Es ist jetzt unser Piratenschiff!“ „Nein, es ist unseres!“, brüllt Daniel. „Wir waren zuerst da.“ Er reißt das Schiff vom Hochbett herunter und schreit: „Ein richtiger Pirat lässt sich nichts wegnehmen. Von niemandem. Aber versucht es doch, holt es euch wieder, wenn ihr euch traut, ihr Feiglinge!“

Was werden Marco und Julia jetzt tun?

Jetzt gibt es Streit

Benno fragt:

Was passiert, wenn man so Piraten spielt?

Was hätten Marco und Julia noch tun können, um das Piratenschiff wiederzubekommen?

Gab es in deiner Gruppe schon einmal so heftigen Streit?

Warum, und wie endete der Streit?

Werden die Kinder allein eine gute Lösung für ihren Streit finden?

Marco überlegt nicht lange. Er springt vom Bett herunter und stürzt sich auf Daniel. „Lass ihn los“, schimpft Lukas und kommt Daniel zu Hilfe. Die drei beginnen zu kämpfen. „Das ist gegen die Piratenehre, zwei gegen einen“, wehrt sich Marco und versucht sich zu befreien. Julia faucht Anne an: „Gebt uns das Piratenschiff wieder, ihr gemeinen Räuber!“ „Selber!“ brüllt Anne und klettert wütend zu ihr auf das Hochbett hinauf. Alle fünf streiten und kämpfen wild durcheinander.

Ist es in Ordnung so heftig zu streiten?

Gerecht für alle

Benno fragt:

Alle Kinder erzählen nacheinander, wie es zu dem Streit kam. Wie erzählen Lukas und Daniel? Wie erzählen Marco und Julia? Was bedeutet „gerecht“?

Welche Lösung ist für alle Kinder in Ordnung?

Hattet ihr schon mal einen Streit, bei dem eine gerechte Lösung gefunden wurde? Oder gab es auch Streit mit einem ungerechten Ende?

Die Erzieherin hört die Kinder streiten und trennt das kämpfende Knäuel. Alle schreien durcheinander. „Halt, halt!“, ruft die Erzieherin. Sie lässt einen nach dem anderen erzählen, was passiert ist. Dann setzt sie sich zu den Kindern auf das Hochbett. Die Kinder sind immer noch wütend. „Also, jetzt lasst uns mal gemeinsam überlegen, wie wir den Streit so lösen können, dass es für alle gerecht ist“, meint sie. „Denn gerecht soll es doch sein, oder?“ Nach einer Weile nicken die Kinder. „Na gut…“

Wer hat wohl Recht?

Immer noch zu viele Piraten?

Benno fragt:

Wie findest du die Lösung? Ist sie für alle Kinder in Ordnung?

Glaubst du, dass die Kinder das nächste Mal ihren Streit ohne die Hilfe der Erzieherin lösen können?

Was ist denn nun passiert? Gemeinsam mit der Erzieherin basteln die Kinder eine große Piratenflagge. Auch Daniel und Lukas müssen zugeben: „Die sieht total echt aus.“ „Aber das Schiff ist viel zu klein für die Flagge“, meint Julia. „Pah, das Spielzeugschiff“, sagt Marco. „So eine große Piratenmannschaft wie wir braucht auch ein richtig großes Schiff.“ „Dann bauen wir uns eben eins!“, ruft Anne und alle stimmen begeistert zu.

Wird es lustiger sein, zu fünft Piraten zu spielen?

Ahoi Piraten!

Benno fragt:

Spielt in deiner Gruppe einmal Piraten. Was braucht ihr dazu?

Bastelt eine Piratenausrüstung!

Was soll euer Piratenschiff sein?

Welche Arbeiten gibt es auf dem Schiff zu tun?

Überlege einmal mit deiner Erzieherin: Gibt es heute noch echte Piraten?

„Alle Mann an Bord! Wir legen ab!“ ruft die Erzieherin, die auch mitspielen darf. Lukas und Marco klettern als Letzte an Bord. Es wird viel zu tun geben: Daniel lichtet den Anker. Lukas schwenkt beim Auslaufen die Flagge. Julia sitzt im Ausguck und hält Ausschau nach der Schatzinsel. Anne ist der Steuermann und Marco kontrolliert die Schatzkarte. Gemeinsam werden sie den Schatz sicher finden, nachdem sie eine Menge spannender Abenteuer erlebt haben.

Leinen los!

Nachwort

Für Erzieherinnen und Eltern

Die Welt eines Kindes ist beherrscht von seinen Gefühlen. Weniger kognitive Inhalte und rationale Überlegungen, sondern die vielfältigen Emotionen bestimmen sein Handeln und Befinden. Diese Gefühle sind oft schön, manchmal auch weniger angenehm. Besonders mit den negativen Emotionen ist schwer umzugehen. Sie sind da und wollen geäußert werden, doch die Umwelt des Kindes reagiert meist mit Abwehr darauf.

In der Buchreihe KINDER ERLEBEN können Kinder ihren Emotionen in Form einer Geschichte wieder begegnen. Diese Geschichten spielen in der Lebenswelt der Kinder, in Kindergarten und Schule, im häuslichen Umfeld mit Eltern, Geschwistern und Freunden. Sie zeigen ohne Schuldzuweisung, wie Probleme und Konflikte entstehen können, und bieten einen möglichen Lösungsweg an.

In diesem Band IMMER ÄRGER MIT PIRATEN kommt es in einer Kindergruppe zum Streit: Zwei Jungen lassen die anderen Kinder der Gruppe bei ihrem Spiel zuerst nicht mitmachen, stören dann aber das Spiel der anderen. Die Erzieherin greift ein und findet gemeinsam mit den Kindern eine Lösung.

Die Fragen von Benno, dem klugen Schäfchen, geben Erzieherinnen und Eltern einen sicheren Leitfaden beim Gespräch mit Kindern über den Inhalt des Buches. Hier werden die vielfältigen Aspekte des Themas angesprochen und die Kinder können von ihren eigenen Erfahrungen berichten: „Warum lässt du manchmal andere nicht mitspielen?“, „durftest du selbst einmal nicht mitspielen?“ - Die gemeinsam gefundenen Antworten sind eine wichtige Hilfestellung beim künftigen Umgang mit ähnlichen Situationen.

Die zur Reihe lieferbare Handpuppe Benno motiviert Kinder zum Rollenspiel und ist gleichzeitig ein kleiner Freund zum Liebhaben.

Bastelanleitung

Piratenflagge

Das brauchst du:
- schwarzes Tonpapier
- Deckweiß
- Schere, Bleistift und Pinsel
- Holzstöckchen, ca. 50 cm lang
- Klebstoff
- Klammergerät
- schwarzes Klebeband

So wird´s gemacht:
1. Zeichne mit Bleistift einen Totenkopf mit gekreuzten Knochen – das Zeichen der Piraten – auf dem Tonpapier vor. Male das Piratenzeichen mit Deckweiß aus. Bestreiche das schmale Ende der Flagge ca. 2 cm breit mit Klebstoff. Klebe das Tonpapier an das Holzstöckchen und presse es fest an.

2. Klammere nun das kurze Ende der Flagge an das lange Ende, so dass das Stöckchen fest umschlossen ist.

3. Schneide zwei Streifen schwarzes Klebeband in Höhe der Flagge zurecht und klebe es auf beiden Seiten auf die Klammern.
TIPP: Schöner wird die Flagge aus schwarzem Baumwollstoff und einem Piratenzeichen aus weißer Stofffarbe.

Augenklappe

Das brauchst du:
- schwarzes Tonpapier
- Bleistift und Schere
- ein Stück schwarzen Hutgummi

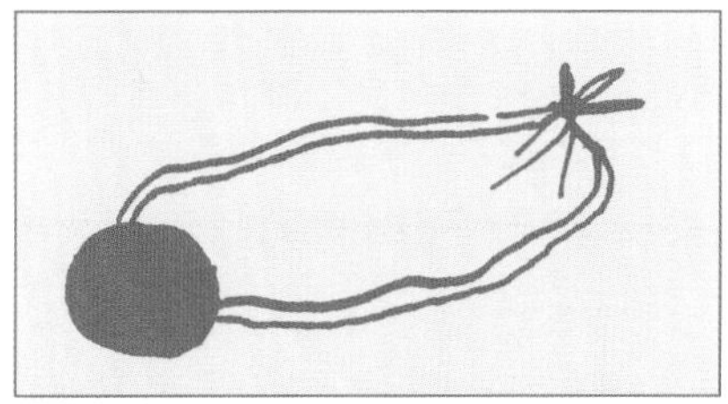

So wird´s gemacht:
Male um ein umgestülptes Trinkglas von ca. 6 cm Durchmesser einen Kreis auf das Tonpapier und schneide ihn aus. Wenn du ein Guckloch

haben willst, schneide in die Mitte eine kleine Öffnung hinein. Bohre links und rechts mit etwas Abstand vom Rand ein kleines Loch in das Tonpapier.

Schneide den Hutgummi in zwei gleiche Stücke und fädle ihn durch die Löcher. Lege die Augenklappe vor ein Auge und verknote den auf beiden Seiten doppelt genommenen Hutgummi am Hinterkopf.

Piratenhut

Das brauchst du:
Zeitungspapier
schwarze Malfarbe
Deckweiß
Pinsel

So wird´s gemacht:
Falte aus Zeitungspapier einen Hut. Male den Hut schwarz an und lasse die Farbe trocknen. Male auf die breite Seite des Hutes mit Deckweiß einen Totenkopf mit gekreuzten Knochen. Trage den Hut so, dass der Totenkopf vorne zu sehen ist.

In dieser Reihe erscheinen:

Streit im Kinderhaus: Alle wollen Piraten spielen, doch wem gehört das Piratenschiff, und welche Kinder sind die richtigen Piraten?
Bestellnummer 1901
DM 22,80

Katrins langweilige Nachmittage enden immer vor dem Fernseher. Bis Marina auftaucht, eine neue Freundin, die voller Ideen steckt.
Bestellnummer 1900
DM 22,80

Natalie muss eine Schielbrille tragen und bekommt auch noch Streit mit einem Jungen, der sie deshalb auslacht. Ist sie wirklich anders als andere Kinder?
Bestellnummer 1902
DM 22,80

Marie liebt Tiere, aber sie bekommt kein eigenes Haustier. Doch sie darf den Hund der Nachbarn pflegen, dem sie bald ihre ganze Zuneigung schenkt.
Bestellnummer 1903
DM 22,80

Impressum
Fotos: Hans Seidenabel
Textbearbeitung: Angelika Voitz
Redaktion:
Irmingard Seidel-Reisner,
Agentur für Kindermedien,
München
Gestaltung und Produktion:
Paxmann/Teutsch Buchprojekte,
München
Herstellung: Saatkorn Verlag
GmbH, Lüneburg

Lithografie:
DBB Bruckmaier, München
Druck und Bindung:
Proost N.V., Turnhout
Printed in Belgium
ISBN 3-8150-1901-X